MEDITAÇAO

Meditação Para Iniciantes Guiada Para Alcançar A Espiritualidade Do Estado Zen

(Aprenda A Lidar Com A Ansiedade E Viva Uma Vida Mais Calma)

Rafał Gorski

Traduzido por Daniel Heath

Rafał Gorski

Meditação: Meditação Para Iniciantes Guiada Para Alcançar A Espiritualidade Do Estado Zen (Aprenda A Lidar Com A Ansiedade E Viva Uma Vida Mais Calma)

ISBN 978-1-989837-35-1

Termos e Condições

De modo nenhum é permitido reproduzir, duplicar ou até mesmo transmitir qualquer parte deste documento em meios eletrônicos ou impressos. A gravação desta publicação é estritamente proibida e qualquer armazenamento deste documento não é permitido, a menos que haja permissão por escrito do editor. Todos os direitos são reservados.

As informações fornecidas neste documento são declaradas verdadeiras e consistentes, na medida em que qualquer responsabilidade, em termos de desatenção ou de outra forma, por qualquer uso ou abuso de quaisquer políticas, processos ou instruções contidas, é de responsabilidade exclusiva e pessoal do leitor destinatário. Sob nenhuma circunstância qualquer, responsabilidade legal ou culpa será imposta ao editor por qualquer reparação, dano ou perda monetária devida às informações aqui contidas, direta ou indiretamente. Os respectivos autores são proprietários de todos os direitos autorais não detidos pelo editor.

Aviso Legal:

Este livro é protegido por direitos autorais. Ele é designado exclusivamente para uso pessoal. Você não pode alterar, distribuir, vender, usar, citar ou parafrasear qualquer parte ou o conteúdo deste ebook sem o consentimento do autor ou proprietário dos direitos autorais. Ações legais poderão ser tomadas caso isso seja violado.

Termos de Responsabilidade:

Observe também que as informações contidas neste documento são apenas para fins educacionais e de entretenimento. Todo esforço foi feito para fornecer informações completas precisas, atualizadas e confiáveis. Nenhuma garantia de qualquer tipo é expressa ou mesmo implícita. Os leitores reconhecem que o autor não está envolvido na prestação de aconselhamento jurídico, financeiro, médico ou profissional.

Ao ler este documento, o leitor concorda que sob nenhuma circunstância somos responsáveis por quaisquer perdas, diretas ou indiretas, que venham a ocorrer como resultado do uso de informações contidas neste documento, incluindo, mas não limitado a, erros, omissões, ou imprecisões.

Índice

Parte 1 1

Capítulo 1: A Meditação Existe Além Da Sua Mente 2

Capítulo 2: Benefícios Da Meditação 6

Capítulo 3: Como A Meditação Funciona 11

Capítulo 4: A Meditação Em Ação 13

Capítulo 5: Como Se Preparar Para A Meditação 16

Capítulo 6: Como Meditar 23

Capítulo 7: Alternativas À Meditação 31

Capítulo 8: A Alimentação Consciente Como Parte Da Meditação 36

Posfácio 38

Parte 2 40

Introdução 41

Capítulo 01: Como A Meditação Funciona Para Acalmar Sua Mente? 42

Capítulo 02: Obstáculos Comuns Nas Práticas De Meditação 45

Perfeição 45
Rotina Ocupada 46
Terror 46
Impaciência 46
Autoanálise 47
Arrogância 48
Dúvida 48
Inquietação 48
Distração 49

Sonolência 49
Ansiedade 49
Falta De Razão 50
Falta De Disciplina 50

Capítulo 03: Exercícios De Meditação Para Sua Rotina Diária
.... 51

Boa Posição 51
Concentre-Se Na Respiração 51
Separe-Se De Seus Pensamentos 52
Encontre Um Bom Lugar 52
Respiração Consciente 52
Meditação Consciente 54
Mantra Consciente 54
Meditação De Relaxamento Muscular 55
Visualização 56
Observação Consciente 56
Consciência Consciente 57
Escuta Consciente 58
Imersão Consciente 59

Capítulo 04: Dicas Para Praticar A Meditação No Escritório
.... 61

Comece Você Mesmo O Seu Dia 61
Transições 62
Selecione Sua Refeição 62
Dar Um Passeio 62
Concentre-Se No Ambiente 63
Paredes E Pintura 63

Conclusão 64

Parte 1

Capítulo 1: A meditação existe além da sua mente

Parabéns por baixar este e-book e obrigado por isso.

Definida como um estado de consciência livre de pensamentos e uma percepção bem-aventurada, a meditação oferece uma oportunidade única de transformar a mente em um nível espiritual intrincado. Ela possibilita promover formas novas, gratificantes e positivas de "ser". Meditar não é uma questão de ação ou esforço; é apenas um estado de consciência espiritual.

No entanto, quando se trata de meditação, sua mente é totalmente impotente, porque nada do que ela é capaz de fazer ou alcançar está conectado à meditação. Sua mente não é capaz de penetrar a meditação. A meditação começa onde termina a sua mente.

Muitas pessoas acreditam que meditar é ficar sentado em silêncio com os olhos fechados, na posição de lótus, sem fazer nada. Essa é a principal razão por que muitos acreditam que a meditação é chata e não traz benefícios.

Quando se trata de meditação, sua mente não consegue fazer nada, por mais que você se esforce. Sua mente não consegue meditar; então, se você já tentou meditar e falhou, é porque não chegou ao ponto além da sua mente.

Há muitos métodos e técnicas que ajudam a maximizar sua experiência de meditação e descobrir sua verdadeira natureza. As técnicas que eu vou compartilhar com você na próxima parte do livro vão ensinar-lhe a conectar-se com a sua mente, assumir o controle dela e libertar-se dela.

É necessário esvaziar a mente para realizar uma sessão de meditação bem-sucedida. Com frequência eu escuto as pessoas dizerem: "Eu não consigo alcançar o estado meditativo; não consigo meditar". Em primeiro lugar, quero que você entenda que a meditação não é a sua meta ou realização. É a sua verdadeira natureza, que já existe dentro de você, mas que ainda não foi explorada.

Cada um de nós vem carregando a meditação desde a infância. Enquanto algumas pessoas conseguem descobri-la depois de adultas, outras morrem sem saber sua verdadeira natureza espiritual. Se você está lendo meu livro, é provável que esteja esforçando-se para deixar seu lado meditativo prosperar. Está procurando por algo mais na vida: mais bem-estar, energia, paz de espírito, felicidade ou significado.

À medida que você for aprendendo a ir além da sua mente de forma paciente e consistente, você gradativamente criará uma vida intensamente poderosa, tranquila e feliz. A meditação levará e guiará você na verdade e lhe dará uma nova compreensão da vida.

Eu gosto de considerar que a minha prática de meditação é como se fosse um tipo de viagem. Por mais ridículo que pareça, eu tenho o meu próprio destino: um destino onde me sinto feliz e alegre. A meditação me ajuda a chegar a esse destino, oferecendo inúmeras rotas alternativas.

Capítulo 2: Benefícios da meditação

Além de combater o estresse, a meditação oferece muitos benefícios para a saúde. Quando comecei a meditar, eu nem imaginava como a prática iria mudar toda a minha vida. A meditação tornou-me mais feliz, mais saudável e muito mais bem-sucedida. Melhorou a minha vida social, meu autocontrole e minha produtividade.

Nós vivemos em uma época extremamente caótica e estressante, que causa grande tensão sobre o nosso sistema nervoso, provocando uma série de doenças e condições de saúde, incluindo problemas cardíacos e câncer. Foram realizados centenas de estudos que comprovam os benefícios de uma prática regular da meditação para a saúde. Veja alguns dos principais:

1. Fortalece o sistema imune

Uma pesquisa realizada na Universidade Estadual de Ohio, que envolveu pacientes com câncer, constatou que o relaxamento auxilia no aumento da imunidade nos pacientes. Um sistema imune forte acelera consideravelmente o processo de recuperação, evitando outros problemas de saúde. O relaxamento muscular progressivo diário pode, inclusive, reduzir o fator de risco do câncer de mama.

Eu não podia me vangloriar de uma boa saúde até que comecei a minha jornada de meditação. Eu gastei rios de dinheiro em medicamentos que não apenas não me curaram, como prejudicaram o meu corpo. A razão principal da minha saúde precária era uma imunidade fraca devido à minha vida estressante.

A meditação promove relaxamento que, por sua vez, proporciona ao corpo uma maior resistência avírus e tumores. Não admira que médicos recomendem a prática diária da meditação a pessoas com câncer.

2. Aumenta a fertilidade

Vários estudos indicaram que as mulheres mais descontraídas e menos estressadas são mais propensas a engravidar do que as que levam um estilo de vida estressante. Por outro lado, os homens que possuem elevados níveis de estresse tendem a ter a contagem e a motilidade espermática reduzidas. A meditação proporciona relaxamento, o qual aumenta a fertilidade masculina.

3. Ajuda a atingir o equilíbrio emocional

Quando suas emoções estão equilibradas, você fica livre do comportamento neurótico causado por um ego traumatizado e torturado. É complicado corrigir esse tipo de neurose e estado emocional prejudicial, mas a meditação é capaz de solucionar esse problema.

Uma vez que estiver livre de memórias carregadas de emoções, você será capaz de alcançar o equilíbrio emocional e trazer alegria e positividade para a sua vida. Pessoas emocionalmente equilibradas sempre recomendam a meditação, afirmando que é uma ótima maneira de viver de forma consciente.

4. Regula a pressão arterial

Pesquisadores da Harvard Medical School revelaram que a prática regular da meditação ajuda a reduzir a pressão arterial elevada, com efeitos similares aos dos medicamentos para essa finalidade. Quando você medita, seu corpo torna-se menos sensível aos hormônios do estresse, que normalmente causam picos de pressão arterial.

5. Alivia os sintomas da síndrome do intestino irritável

A prática da meditação pelo menos duas vezes por dia pode ajudar a aliviar os sintomas da síndrome do intestino irritável, tais como constipação, diarreia e inchaço abdominal.

6. Combate a inflamação

A inflamação crônica leva a vários problemas de saúde, por isso é fundamental evitá-la. O estresse é a principal causa da inflamação crônica, a qual está ligada à asma, artrite, doença cardíaca e doenças de pele, incluindo psoríase.

7. Acalma a mente

Minha vida nunca foi "tranquila". Talvez por causa do meu hábito de refletir demais sobre as coisas, ou porque o mundo moderno é exigente demais. Eu tinha problemas para dormir bem e acordar com a mente tranquila. A meditação foi a melhor solução que encontrei. A prática ajuda a acalmar a mente, controlar a ansiedade pela manhã e promover um sono melhor. A mente meditativa desliga o estresse, toma decisões melhores e gera pensamentos positivos.

Capítulo 3: Como a meditação funciona

Com cada vez mais formas diferentes de meditação, que variam principalmente em complexidade, desde recomendações gerais até práticas rigorosas e regulamentadas, às vezes é difícil de entender como funciona a meditação. No entanto, uma vez que você começar a sua jornada de meditação, logo vai perceber a beleza da mente meditativa.

A prática diária da meditação ajudará você a desenvolver microcomportamentos habituais e inconscientes que produzirão enormes efeitos positivos sobre o seu funcionamento psicológico e físico. Mesmo uma prática rápida de 15 minutos de meditação duas vezes por dia pode trazer resultados surpreendentemente benéficos.

Tudo se resume à resposta parassimpática. Muitas teorias indicam que a meditação é uma forma complexa de relaxamento que envolve um conceito do sistema nervoso parassimpático. Esse sistema faz parte do sistema nervoso involuntário que ajuda a relaxar os músculos do esfíncter, promover a atividade glandular e intestinal e diminuir a frequência cardíaca.

O estresse psicológico está ligado à ativação do componente simpático do sistema nervoso autônomo que pode causar a "resposta de luta ou fuga". Qualquer forma de meditação diminui a ativação simpática, reduzindo a produção de catecolaminas e alguns outros hormônios do estresse, como o cortisol, e promove a atividade parassimpática, que estimula o fluxo sanguíneo dos tecidos periféricos para as vísceras, e diminui a frequência cardíaca.

Outros pesquisadores sugerem que a meditação proporciona efeitos neurofisiológicos especiais. Um estudo realizado pelo Programa de Pesquisa sobre Meditação constatou que o sistema límbico é mais propenso a ser envolvido na meditação da Sahaja Yoga porque foram observados de forma consistente os efeitos drásticos que envolvem as mudanças de humor.

Capítulo 4: A meditação em ação

Um dos passos mais importantes para integrar com sucesso a mente meditativa em sua consciência é usar as coisas e ações que ocorrem durante todo o dia como parte de sua prática de meditação. Cada um de nós percebe o mundo à nossa própria maneira. E a maneira como você percebe cada experiência em seu cotidiano pode levá-lo a um espaço meditativo mais profundo.

Por outro lado, essa forma de meditação não é para iniciantes, uma vez que requer experiência e um firme enraizamento. Com a meditação em ação, você deverá continuar funcionando de modo eficaz e até mesmo ficar alerta enquanto está meditando. Após dominar os fundamentos da meditação, o domínio da meditação em ação também deverá ser uma prioridade.

A meditação em ação eventualmente o ajudará a começar a viver uma vida consciente, que criará um espaço de meditação dentro de você. O espaço meditativo existe entre cada coisa que você percebe e cada reação que você tem, proporcionando uma perspectiva ampla, silenciosa e tranquila de todo o universo.

Eu nunca havia pensado sobre a importância da meditação em ação até que fiquei presa na rotina da cidade grande, que me fez sentir abatida. Eu mal conseguia meditar, e a minha vida perdeu o significado. Conforme continuei praticando uma meditação habitual, eu expandi meu espaço meditativo. Hoje, vejo que mesmo uma pequena ação, como caminhar no parque, pode ser uma excelente experiência meditativa.

Quando caminho no parque, eu fico calma e tranquila por dentro – seja por observar minha respiração ou repetir meu mantra. Isso me permite experimentar minha consciência e ver as coisas em torno de mim sob uma nova perspectiva.

Cada vez que a minha consciência desperta, ela desencadeia algum desejo, como o desejo de sucesso, felicidade ou amor. Os desejos são diferentes; por isso, quando fico no espaço meditativo, eu evito me perder neles.

A meditação em ação emprega as técnicas que permitem perceber as experiências de momento a momento. Cada experiência existe para servir a você, para despertar você. A meditação em ação está intimamente relacionada à Karma Yoga; as duas abrem o caminho do despertar através de atividades diárias. Seja dormir, comer, ganhar a vida ou casar-se, cada ação é enxergada como um ato provido a Deus. Cada ação torna-se uma meditação em relação a Deus. Quando você finalmente aprender a meditar, será capaz de dominar a prática desde o momento em que acorda até o momento em que adormece. Você aprenderá a ficar à vontade e alerta neste mundo superagitado. A vida diária de um momento a outro se tornará uma experiência absolutamente libertadora e feliz.

Capítulo 5: Como se preparar para a meditação

Eu acredito que a meditação tem menos a ver com quantidade, e mais com qualidade. Se você nunca meditou antes, talvez precise preparar a sua mente e a si mesmo para a primeira sessão. Os benefícios da meditação, mencionados no Capítulo 2, acontecem graças ao que você faz na prática.

A meditação não é magia, contemplação do umbigo ou puro êxtase. Você está aproveitando-se da maneira como sua mente funciona no mundo natural, focando na adaptabilidade do seu cérebro. Isso desencadeia uma neuroplasticidade autodirigida, que é uma característica fantástica da prática de meditação. A meditação é capaz de alterar intencionalmente a estrutura física e o funcionamento do cérebro.

No entanto, é essencial que você se prepare (e especialmente o cérebro) para sua primeira e futuras sessões de meditação. Você pode estar perguntando-se o que é que você vai fazer durante a meditação. Para resumir, você vai fazer várias coisas básicas:

- Vai trazer toda a sua atenção para o momento presente. Essa parte da meditação ajudará você a começar a romper com a sua tendência de não ter consciência do que acontece ao seu redor. Além disso, evitará que você gaste tempo no passado, que de qualquer forma você não pode mudar, ou no futuro, que você não pode prever e do qual não pode depender;
- Você vai observar e perceber o que está acontecendo no momento atual. Isso enfraquecerá o seu hábito de, erroneamente, identificar-se como o corpo, os pensamentos, sentimentos ou coisas acontecendo ao seu redor;
- Você deixará de lado todos os julgamentos sobre o que vir e experimentar. Isso ajudará você a separar-se das narrativas que geralmente orientam suas ações. Eventualmente, perceberá que é você que deve orientar suas ações.

Em seguida, você poderá ampliar o foco da sua atenção para englobar uma grande variedade de fenômenos ou restringi-lo a um único objeto, sem abandonar o momento atual. Independentemente da técnica usada, você estará dominando as técnicas que o ajudam a refletir e reagir mais depressa durante os problemas e desafios da vida cotidiana, em vez de manifestar aversões, pensamentos ou emoções negativas.

Assim que você entender a ideia do que vai fazer e experimentar na meditação, será hora de preparar-se para a prática. Veja algumas coisas que você deve fazer:

1. Prepare um espaço tranquilo

Pessoas que praticam a meditação há anos conseguem meditar em qualquer lugar, literalmente. Contudo, se está apenas começando, é melhor se você preparar um espaço dedicado e tranquilo para a sua sessão de meditação. Coisas simples, como sentar em um lugar especial, desligar o celular ou acender uma vela, podem melhorar a sua prática de meditação. Assim como você coloca tênis esportivos antes de sair para correr, você também precisa dos seus preparativos para a meditação; porque, assim que coloca seus tênis, o corpo começa a preparar-se para a corrida. O mesmo princípio se aplica às suas sessões de meditação.

Reserve um espaço especial em seu quarto ou casa para as suas sessões de meditação, de modo que, cada vez que você estiver lá, seu corpo saberá que é hora de se preparar para a meditação. Você também pode tocar determinadas músicas relaxantes, próprias para meditação, para sinalizar ao corpo. Mas nós vamos falar mais à frente neste livro sobre os prós e os contras de tocar músicas durante a meditação.

2. Use roupas confortáveis

Use peças de roupa que você tem a certeza de que são confortáveis e que não vão distraí-lo. Se as suas roupas deixarem o seu corpo tenso durante a meditação, você não vai conseguir se concentrar. Prefira roupas mais soltas, que vão deixar você mais relaxado e à vontade. Não use calçados.

3. Faça alguns alongamentos antes de começar

Os alongamentos ajudam a aliviar a tensão nos músculos e no corpo. Comece alongando os músculos do pescoço e da cabeça. Faça alguns alongamentos da perna para evitar a pressão sobre elas enquanto você estiver sentado de pernas cruzadas durante a sessão de meditação.

4. Determine sua intenção

Antes de meditar, não deixe de determinar sua intenção. É uma maneira simples de obter o máximo proveito e significado de sua sessão de meditação. A determinação da sua intenção cria um sentido para você e ajuda a encontrar uma resposta para as suas maiores perguntas. Se você conscientemente estabelecer sua intenção antes de meditar, será capaz de conciliar-se com o verdadeiro propósito da sua prática.

A pergunta mais importante a se fazer é: "Por que meditar?" Há muitas razões, mas você deve saber a sua própria. Seja porque você quer meditar para descobrir a paz que supera a compreensão, vivenciar a consciência de Deus, ou achar uma desculpa para tirar um cochilo, sua intenção vai ajudá-lo a obter o máximo de benefícios das suas sessões de meditação.

5. Prepare-se para as distrações

A menos que você viva em uma floresta, há muitas distrações capazes de arruinar sua meditação. Você pode acabar preocupando-se com o trabalho, repassando sua lista de afazeres ou simplesmente pensando sobre a última notícia que você viu hoje. Ou pode ser interrompido por seus filhos, amigos ou outra pessoa que more com você. Por isso, prepare-se para eventuais distrações.

Faça uma lista das principais distrações que poderiam arruinar sua meditação e pense nas formas de evitá-las. Se você não conseguir libertar a sua consciência dessas distrações, sua sessão de meditação será mais propensa a fracassar.

6. Aprenda a ter foco

As pessoas que começam a prática da meditação sempre têm dificuldade para se concentrar e meditar. Se você precisa de uma maneira de começar sua meditação, tente fazer algumas perguntas importantes a si mesmo, como: "Quem sou eu?", "Qual é o meu propósito de vida?", "Pelo que eu sou grato?" etc.

Capítulo 6: Como meditar

Independentemente de estar apenas interessado em iniciar uma jornada de meditação para ver do que se trata ou de querer colher os benefícios da meditação listados anteriormente, há uma grande tendência de diferentes tipos de meditação que você pode considerar. Cada tipo de meditação tem os mesmos princípios e técnicas básicas, com algumas variações. No entanto, as instruções que eu vou compartilhar com você abaixo são geralmente compatíveis com muitos tipos de meditação. Depois de adquirir as bases de uma sessão de meditação, você pode tentar outros tipos.

Confira algumas formas de meditação que você pode escolher:

- Meditação de atenção plena: Esse tipo de meditação incentiva você a concentrar-se em pensamentos que estiverem vagando e invadindo a sua mente. Sua intenção não é envolver-se nos seus pensamentos e bani-los, mas sim permanecer ciente de cada nota mental que aparecer em sua mente.

A meditação de atenção plena possibilita ver a maneira como os seus sentimentos e pensamentos se movem em determinados padrões. À medida que continuar praticando a meditação, você se tornará mais consciente da sua tendência de julgar uma experiência como ruim ou boa, agradável ou desagradável, em questão de segundos. Com a prática, você desenvolverá um equilíbrio interior que o ajudará a superar seu hábito de "pensar demais".

- <u>Meditação de concentração</u>: Essa forma envolve concentração total em uma única intenção, assunto ou pensamento. A meditação de concentração geralmente implica prestar atenção na respiração, observar a chama de uma vela, repetir um mantra ou uma única palavra, contar missangas em um cordão ou ouvir um gongo repetitivo.

A meditação de concentração é complicada e desafiadora, e os principiantes têm dificuldade de concentrar a mente. Assim, recomenda-se meditar por apenas alguns minutos e aumentar o tempo gradualmente.

A meditação de concentração ajuda a reorientar a consciência para uma determinada intenção, assunto ou pensamento sempre que a mente ficar cheia de pensamentos. Em vez de buscar pensamentos aleatórios, a meditação de concentração faz você se desprender deles. Esse tipo de meditação ajuda a melhorar a concentração e a dominar a ansiedade. Existem muitos outros tipos e técnicas de meditação. Por exemplo, os monges budistas meditam diariamente para se concentrarem plenamente no desenvolvimento da compaixão. Pode ser algo como imaginar alguns eventos negativos e reconstruí-los de uma perspectiva positiva, alterando-os através de uma forma de compaixão. Além disso, existem técnicas de meditação em movimento, incluindo a caminhada de meditação, o Qigong e o Tai Chi.

Para frisar, as instruções abaixo ajudarão você a criar as bases iniciais dos conhecimentos e das técnicas que você usará em muitas outras práticas de meditação, por mais complicadas que elas sejam.

Convém tentar várias formas e técnicas a fim de adaptar a sua prática de meditação para atender aos acontecimentos na sua vida. Você pode querer praticar uma técnica hoje e outra amanhã.

Então, como meditar? Siga as instruções abaixo:

1º Passo. Pense em quantos minutos você pode passar meditando. Iniciantes tendem a começar com uma meditação de cinco minutos, enquanto os mais experientes podem meditar de 20 minutos a duas horas. Quando for decidir em relação ao tempo, tente praticar no mesmo horário todos os dias.

2º Passo. Faça alguns alongamentospara liberar a rigidez ou tensão antes de começar.

3º Passo. Sente-se em uma posição confortável.Quando estiver meditando, é essencial que você se sinta à vontade; portanto, escolha a posição perfeita. Em geral, a meditação é praticada em uma posição sentada. Sente-se em uma almofada sobre o chão, na posição de meia lótus ou lótus completa.

Você poderá sentir desconforto se não tiver muita flexibilidade na região lombar, no quadril e nas pernas. Apesar de ser recomendado sentar-se com uma postura ereta, alta e equilibrada durante a sessão de meditação, você também pode meditar deitado na cama.

Se você não gosta da ideia de meditar no chão, invista em uma cadeira ou banco para meditação. O conforto é essencial.

4º Passo. Quando você estiver em uma posição confortável, concentre-se nas outras regiões das suas costas. Comece de baixo e pense em todas as vértebras da coluna vertebral. Imagine equilibrar uma sobre a outra para sustentar todo o peso da sua cabeça, pescoço e tronco.

Essa etapa envolve relaxar o tronco e aprender a aliviar qualquer região do corpo onde houver tensão. Se você ainda sentir desconforto, tente reequilibrar o tronco para encontrar a posição ideal.

5º passo. Feche os olhos. Como você não é um profissional que consegue meditar de olhos abertos, feche-ospara evitar eventuais distrações visuais e para entrar em um clima meditativo.

6º passo. Respire naturalmente. Escolha um lugar acima do umbigo e concentre-se nessa área com a mente. Permaneça ciente e consciente da sua barriga subindo e descendo conforme você inspira e expira. Evite alterar seus padrões normais de respiração. Respire naturalmente.

7º passo. Concentre-se nas imagens que aparecerem na sua mente. Se nada aparecer, tente visualizá-las. Por exemplo, imagine uma boia flutuando tranquilamente no mar, balançando para cima e para baixo toda vez que você inspira e expira. Ou você pode imaginar uma bela flor de lótus abrindo suas pétalas sobre a sua barriga a cada respiração.

Faça a meditação dessa maneira por dois a cinco minutos. Se sua mente começar a divagar, não se preocupe. Você pode recomeçar a sessão para recobrar o foco. Esvazie a mente e concentre-se em somente uma coisa ou objeto. A multitarefa não é útil na meditação.

Se você não conseguir meditar em completo silêncio, tente a meditação com um mantra. Essa é uma forma de meditação que envolve dizer e repetir um mantra (seja uma frase, palavra ou som) diversas vezes, até você esvaziar a mente, dominar os pensamentos e mergulhar em um profundo estado meditativo.

Quando se trata de mantras, a simples e popular palavra "Om" é uma boa maneira de começar. Essa palavra simboliza a consciência onipresente e ajuda a afastar quaisquer pensamentos negativos. Você também pode dizer outras palavras, como "paz", "calma", "silêncio" e "tranquilidade".

Você pode parar de repetir o mantra assim que entrar em um nível profundo de consciência e atenção meditativa.

Capítulo 7: Alternativas à meditação

Embora as alternativas à meditação tenham menos benefícios para a saúde do que uma meditação em si, elas ainda são excelentes opções. Muitos especialistas em meditação recomendam alternativas que permitem meditar sem efetivamente praticar uma sessão de meditação. Veja algumas das alternativas mais populares:

1. Gargalhada

É a melhor alternativa que de fato apresenta alguns benefícios incríveis para a saúde. O sorriso promove o bem-estar enquanto que uma boa risada melhora o ânimo e afastam problemas de saúde mental, como a ansiedade e a depressão. Gargalhadas regulares ajudam a obter um equilíbrio emocional e a evitar oscilações de humor.

2. Caminhada de meditação

Muitas vezes chamada de Kinhin, essa forma de meditação alternativa ajuda a manter-se ciente de tudo o que estiver acontecendo ao seu redor. Sempre que você se sentir cansado, ansioso ou deprimido, faça um longo passeio no parque, concentrando-se nos movimentos do seu corpo e na sua respiração. Deixe o corpo relaxar e aprecie a beleza do mundo. Não se esqueça de desligar o smartphone.

3. Dança

A meditação da dança é uma alternativa bastante nova, porém simples e eficaz. Além disso, essa atividade meditativa é um exercício poderoso. Você não precisa saber dançar como um profissional nem fazer aulas. Simplesmente dance em casa quando estiver só, ou chame sua família para dançar com você.

4. Limpeza

Quando abordada da maneira certa, a limpeza da sua casa pode transformar-se em uma verdadeira sessão de meditação. Seja lavar as roupas ou a louça, passar o aspirador de pó no quarto, lavar o carro ou cortar a grama, a limpeza ajuda a combater pensamentos depressivos, induzir ideias e proporcionar ao seu corpo um momento para se conectar à sua pessoa interior.

Quando estiver limpando, mantenha a mente vazia e concentre-se na tarefa que está fazendo no momento. Então, seu cérebro reagirá de uma maneira semelhante a como reagiria à meditação.

5. Atenção plena em pé

Muitas vezes chamada de meditação em pé, essa forma de meditação promove uma sensação tranquila de estabilidade interna e ajuda a aliviar a dor lombar. Mas comece devagar. Primeiro, tente ficar em pé em uma postura ereta por 3 a 5 minutos. Você ficará espantado com os benefícios da atenção plena em pé por 3 minutos para o seu bem-estar geral. Mantenha a mente clara e concentre-se na sua respiração.

6. Meditação com o olhar fixo

Também chamada Trataka, essa alternativa à meditação é um pouco estranha, pois envolve olhar fixamente para um objeto enquanto se está sentado, em pé ou deitado. A meditação com o olhar fixo ajuda a aliviar dores de cabeça, melhorar a saúde ocular, reduzir o estresse e melhorar a memória e a concentração.

Seja ao ar livre ou dentro de casa, dedique alguns minutos para escolher um objeto e olhar fixamente para ele. Pode ser uma pedra, uma flor, um animal, uma árvore, a Lua, as estrelas ou qualquer outro objeto que você quiser. Não importa quanto tempo você olha para o seu objeto: faça isso em silêncio, sem distrações.

7. Natação

A natação é uma excelente alternativa à meditação, para não mencionar que é um exercício para todo o corpo. A prática regular da natação ajuda a desenvolver resistência e a afastar o estresse e a ansiedade. Se você não pode ou não tem onde nadar, considere um banho relaxante e sem distrações por cerca de 20 minutos.

8. Livros de colorir

Hoje em dia, livros de colorir para adultos são alternativas perfeitas à meditação. Colorir uma imagem exige presença, paciência e boa concentração. Isso ajuda a reduzir a tensão do dia a dia e a manter a calma em uma situação difícil.

9. Músicas

Não estou falando das suas músicas favoritas, neste caso. Estou referindo-me a sons da natureza, músicas especiais para meditação ou instrumentos musicais calmantes e tranquilizantes, como piano, violino, harpa, flauta ou violoncelo. Escolha o seu som favorito e escute-o quando você estiver estressado ou deprimido, ou antes de dormir. Cuide para que não seja incomodado nesse momento.

Capítulo 8: A alimentação consciente como parte da meditação

Demonstrou-se que a alimentação consciente ajuda as pessoas a lidarem com os desejos de comida com mais intenção e percepção. É uma prática que possibilita prestar atenção nas necessidades do seu corpo e refletir sobre o que você ingere. Sua saúde depende muito de como você se nutre.

Quando você aprecia completamente as texturas e sabores dos alimentos que consome e está realmente presente durante a refeição, você se dispõe a um nível de satisfação mais significativo. A alimentação consciente como parte da meditação ajudará você a fazer escolhas de refeições mais saudáveis.

Veja como você pode aprender a comer com consciência:

1. Coma mais devagar

Seu corpo precisa de tempo para acompanhar o cérebro, para avisá-lo de que você já comeu o suficiente. Quando você come devagar, ajuda o corpo e a mente a se comunicarem sobre o que você precisa em termos de nutrição. Com uma agenda cheia, uma refeição demorada parece algo impraticável. No entanto, o corpo leva quase 20 minutos para enviar o sinal de saciedade para o cérebro. Essa é a principal razão por que comemos demais: comemos rápido, sem ouvir os sinais do nosso corpo.

2. Coma em um horário e um lugar determinados

Hoje em dia, as pessoas acostumaram-se a comer alimentos embalados para viagem. No entanto, se você quer tornar sua alimentação parte da meditação, é hora de romper com os maus hábitos alimentares. Em primeiro lugar, crie um ambiente saudável. Sente-se à mesa, coloque o alimento em um prato e use talheres para comer.

Tente agendar seu dia de modo que possa comer em um determinado horário e, de preferência, sozinho. Isso vai ajudá-lo a mastigar os alimentos com atenção plena. Caso você seja responsável por preparar a refeição, cozinhe com atenção plena também.

3. Coma alimentos saudáveis e nutritivos

Você consome alimentos que são saudáveis e nutritivos ou que lhe trazem conforto emocional? Nós adoramos quando a comida reduz o estresse ou a ansiedade, mas essa comida provavelmente não é saudável. Pense sobre as origens do seu alimento e quais os nutrientes que ele contém. Lembre-se: consumir alimentos saudáveis com atenção plena pode curar doenças, mesmo as mais complicadas, incluindo doença cardíaca e câncer.

Posfácio

Um dos maiores desafios em relação à meditação é nunca começá-la. Você pode começar a qualquer momento e em qualquer lugar, mas o problema é continuar praticando a meditação com regularidade. Não é todo iniciante que consegue tornar a meditação parte da rotina diária. Mesmo que você tenha tentado meditar e realmente tenha gostado da sensação e dos benefícios que a prática proporciona, as atividades, distrações e problemas do seu dia a dia podem arruinar sua intenção mais sincera de meditar.

Não há problema em perder sua sessão de meditação eventualmente, mas se você realmente quiser colher os benefícios da meditação e começar a viver uma vida mais tranquila, esforce-se ao máximo para incorporar e manter qualquer forma de meditação na sua vida. Você não precisa ser profissional. Meu guia certamente vai ajudá-lo a apaixonar-se pela meditação e desenvolver suas próprias formas de meditar se você for iniciante.

Seja paciente e exercite a mente para experimentar a beleza de uma vida consciente e feliz. Agora é hora de iniciar a sua jornada...

Parte 2

Introdução

Meditações são formas de exercícios conscientes com o objetivo de ajudar as pessoas a sair do estresse diário da vida e ter uma vida equilibrada e relaxada. As meditações foram seguidas por muitos indivíduos em todo o mundo. É um exercício fácil que requer apenas concentração e consistência. Ajuda as pessoas a lidar com os estresses do nosso cotidiano e a evitar o acúmulo de tensões. Ela permite que a pessoa aproveite sua vida plenamente. Pode preencher a vida das pessoas com alegria e moderação. Isso ajuda a manter o corpo em forma em plena harmonia. Também melhora o funcionamento dos órgãos sensoriais. A meditação aumenta a capacidade institucional do corpo e ajuda a facilitar até mesmo a tomada de decisões. Também reduz a impulsividade e a raiva.

Capítulo 01: Como a meditação funciona para acalmar sua mente?

Existe uma diferença entre meditação e relaxamento mental. As pessoas geralmente ficam confusas com os dois termos. A mediação é o caminho que faz com que seu cérebro pare o mal-pensamento que vem à sua mente. Uma vez que você tenha a habilidade de parar o processo de pensamento irracional, você pode facilmente obter o domínio do controle de sua mente, e você se sentirá relaxado.

É inegável opoder da meditação para acalmar a mente. Existem muitas técnicas que podem ajudá-lo a relaxar sua mente. A meditação tem como objetivo fazer com que a pessoa identifique e compreenda a base do problema envolvido no pensamento excessivo. A pessoa que medita pode ter o acesso certo para resolver os problemas. Isso também irá ajudá-la a reduzir o estresse e relaxar sua mente.

A meditação não tem papel em inserir cenas em sua mente, em vez disso, ajuda você a limpar a mente por causa desses pensamentos.

Quando falamos em meditar, não estamos falando apenas do processo de pensar. Este processo pode dar-lhe um relaxamento da mente que será muito benéfico no final. A maior parte da meditação que você faz normalmente nos faz pensar mais e não permite que você pense menos sobre o que é necessário.

O processo de meditação pode incluir coisas como ouvir um CD, contar sua respiração e muito mais. Mas a questão é que esses métodos podem melhorar seu processo de pensamento em vez de diminui-lo. É necessário que você conheça as técnicas e orientações corretas para relaxar sua mente de maneira eficaz.

Se você pedir à sua mente que fique quieta apenas, isso não diminuirá a ansiedade. Em vez disso, você deve se concentrar no fato de não pensar em nada por algumas horas. Isso pode dar à sua mente a verdadeira essência da meditação.

http://blogs.psychcentral.com/mindfulness/2014/07/overcome-the-five-obstacles-to-your-mindfulness-meditation-practice/

Capítulo 02: Obstáculos Comuns nas Práticas de Meditação

Todos nós gostamos de relaxar nossa mente para que possamos nos concentrar nos aspectos importantes de nossas vidas. O processo de meditação geralmente alcança isso, porqueé bastante útil para relaxar nossas mentes, mas, por outro lado, pode ter certos obstáculos que podem não permitem que uma pessoa relaxe. Veja algumas dessas barreiras abaixo:

Perfeição

O instrutor pode não ser talentoso o suficiente para lhe dar as diretrizes exatas. Ela / ele pode não ter a confiança e as técnicas para fazê-lo. É necessário que o instrutor o ajude a cada passo, quando necessário.

Por outro lado, o instrutor pode estar dando as informações corretas e diretrizes adequadas, mas você pode não ter a capacidade de segui-las na direção certa.Não se confunda com os diferentes procedimentos de meditação.

Rotina ocupada
Há muitas ocasiões em que você quer aproveitar a oportunidade para meditar, mas pode encontrar uma rotina muito difícil. A rotina pode não permitir que você encontre tempo para trabalhar com o processo de mediação. É necessário que seja dado tempo adequado para aproveitar os benefícios das meditações.
Terror
Existem alguns casos. Temos esse terror de nós mesmos que o que todo mundo vai pensar em você quando descobrir que você está passando por meditação. Esse pensamento pode surgir a qualquer momento em sua mente. Esse terror pode impedir você de meditar por sua confusão, e você vai dar desculpas para ir meditar.

Impaciência
Este é outro fator que tem seus efeitos significativos em aproveitar a oportunidade da meditação. Você pode atéestarrealizando a meditação todos os dias e todas as semanas com

acompanhamento constante, mas você pode não estar obtendo a vantagem. Isto se dá porque sua mente não está preparada para isso. Sua mente deve ter muitos pensamentos ruins que podem fazer com que você aproveite a oportunidade de trabalhar de maneira pacífica. Você pode encontrar uma montanha russa de pensamentos durante a meditação. A meditação requer concentração da mente e também paciência. Você pode se sentir decepcionado como você pode estar trabalhando a partir desse resultado, mas um trabalho forçado pode não ser a melhor opção.

Autoanálise

Há momentos em que você pode perder uma sessão. Não há como ficar desapontado por causa disso. Não se analise como sendo inútil. Não perca a esperança e sempre que acontecer de se concentrar na próxima sessão com total atenção.

Arrogância
Você pode conseguir colocar suas mãos em uma das sessões com perfeição, mas isso não significa que você é perfeito. Você precisa se preparar a cada vez para cada sessão. Mantenha essa abordagem toda vez que começar. Isso irá ajudá-lo em cada passo.

Dúvida
Todos nós temos dúvidas sobre nós mesmos. Este é um fenômeno natural, mas a mediação requer total concentração e mente clara que pode ajudá-lo a aproveitar as táticas. Apenas siga o plano e não questione sua criatividade. Todos como seu ritmo e eles trabalham de acordo com isso.

Inquietação
Às vezes é difícil para uma pessoa sentar-se direito por muito tempo. Essa irritação pode impedir que uma pessoa tenha a oportunidade de aproveitar os benefícios da mediação.

Distração
A mediação é um processo que requer um relaxamento completo da mente do estado. Algumas coisas podem andar à nossa volta, o que pode facilmente nos distrair. É necessário que um estado pleno de calma, não apenas em mente, mas também nos arredores, seja mantido para funcionar. Pode haver ruídos ao seu redor que podem desviá-lo significativamente do processo principal que está acontecendo.

Sonolência
Podemos nos sentir sonolentos e privados de sono, que podem ter seus efeitos significativos na mente. Essa sonolência pode nos distrair de aproveitar o fruto da meditação.

Ansiedade
É uma prática comum que estamos fazendo algum trabalho, e sentimos que nossa mente está pensando em outra coisa. Esse fenômeno é chamado de querer. Esses fenômenos de querer podem impedir nosso foco da meditação. Esse querer pode ter seu efeito na mente.

Falta de razão
Pode haver alguns casos em que não encontraremos motivos para praticar a meditação. Isso pode ter efeitos negativos em nossa motivação. É necessário que tenhamos motivação para passar pela meditação.

Falta de disciplina
Podemos nos sentir em uma situação bastante embaraçosa enquanto praticamos meditação. Esse estado ocorre quando nossas mentes não estão preparadas para a disciplina necessária para a meditação. A meditação requer disciplina em todos os aspectos.

Capítulo 03: Exercícios de meditação para sua rotina diária

Queremos relaxar nossas mentes e nossas vidas com meditação. É necessário que tenhamos experiência suficiente para que possamos tirar o máximo proveito da meditação. A seguir, forneceremos algumas maneiras com as quais você pode seguir a meditação em sua vida diária sem muita tensão.

Primeiro, você precisa se concentrar em alguns aspectos que exigem concentração em alguns pontos. Esses são:

Boa posição

Coloque-se em uma boa posição para não se cansar. Respire profundamente lentamente e mantenha o relaxamento da mente. Sente-se em uma posição confortável.

Concentre-se na respiração

É necessário que sua respiração tenha completa harmonia com seu corpo. Encontre um lugar onde você possa encontrar essa harmonia entre a respiração e seu corpo. Este lugar no corpo pode ser do abdômen, diafragma ou sob as narinas. Comece delicadamente e foque de maneira constante.

Separe-se de seus pensamentos
É necessário que você tenha uma mente calma para se concentrar no processo de meditação. Você precisa limpar sua mente de todas essas preocupações e se concentrar no processo de meditação.

Encontre um bom lugar
É uma das partes mais necessárias que precisam de concentração total. É muito necessário que o lugar onde você está seguindo sua meditação seja um lugar calmo e tranquilo. O local deve ser desprovido de qualquer tipo de incômodo. Agora vamos contar alguns dos exercícios de mindfulness que podem ajudá-lo a se concentrar e obter os benefícios da meditação.

Respiração consciente
Este é um dos exercícios básicos que podem ser feitos em pé e sentado. Essa meditação pode ser feita em qualquer

lugar, exceto em um lugar calmo. O foco deste exercício é para respirar. Neste exercício, tudo o que você precisa fazer é sentar em um lugar calmo e tranquilo.

O ciclo começa quando você inspira e expira. O ciclo usual de respiração de meditação única é de 6 segundos. Respire fundo pelo nariz e solte-o pela boca. Deixe ir sem esforço.

Tire todos os pensamentos negativos da mente. Isso ajudará você a aproveitar a essência da meditação. Fique quieto por um minuto ou mais. Mantenha seu foco no processo de respiração.

Concentre-se em como a respiração está entrando em sua mente e está preenchendo sua vida com felicidade, calma e alegria. Quando a respiração sair, pense que todas as preocupações e tensões desapareceram. Sinta-se em completo estado de relaxamento.

Ao praticar este ciclo uma vez, continue seguindo-o por mais algumas vezes, para que o benefício ideal possa ser obtido.

Meditação consciente

Esta é uma das técnicas básicas de meditação que podem ajudá-lo a relaxar e atingir um estado de calma. É também um exercício essencial. Neste exercício, você se concentra em aumentar sua consciência para a situação atual. Tudo o que você precisa fazer é sentar-se em um lugar tranqüilo e focar no que está acontecendo no momento. Você concentra sua mente em um único lugar, como tocar os pés ou tocar o chão. Isso ajuda você a se concentrar em um único lugar sem deixar sua mente vagar por lugares diferentes. Você pode facilmente seguir esta técnica em qualquer lugar usado pela arte do foco.

Mantra consciente

É também um dos exercícios tranquilizantes que podem proporcionar relaxamento à mente. Você pode seguir os passos para ganhar a experiência. Neste exercício, tudo o que você precisa fazer é sentar-se em um lugar tranquilo e repetir um único mantra ou palavra com concentração total. O mantra pode ser de sua escolha, que pode ajudá-lo a relaxar. Conforme você prossegue com o mantra e o repete, esse pensamento desafia todos os outros pensamentos e o ajudará a se concentrar em um único lugar. Desta forma, você pode relaxar sua mente.

Meditação de relaxamento muscular
É o exercício que requer algum movimento e exercício. Isso requer exercícios de tensão muscular progressiva e relaxamento. Tudo que você precisa fazer é encontrar um local relaxante em sua casa e seguir os passos. Fique em pé e comece a mover-se dos pés para a direção ascendente ou da direção ascendente para os pés. Mantenha a tensão em dez músculos por 5 a 10 segundos e depois liberte essa tensão. É necessário que você não puxe um músculo para um nível significativo que comece a doer. Faça cada passo com cuidado e em um estado calmo. Sente-se ou fique em uma posição confortável. Além disso, concentre-se na respiração enquanto focaliza isso.

Visualização

Este exercício também pode ajudá-lo a dar-lhe o estado de equilíbrio. Este exercício requer a forte capacidade visual da mente. Este exercício requer grande foco. Para iniciar este exercício, tudo o que você precisa fazer é sentar-se ou ficar de pé adequadamente em uma postura precisa que não seja estressante. Agora respire fundo e concentre-se em uma ideia enquanto a visualiza em sua mente. Essa visualização lhe dará energia positiva e você sentirá que o estresse está saindo de sua vida. O foco da imaginação é para a sua saúde. Sinta-se saudável, calmo e vivendo uma vida livre de estresse. Essa visualização pode se tornar uma realidade com grande foco.

Observação consciente

É também uma das técnicas que podem ser usadas para ajudar a acalmar e dar-lhe uma vida sem stress. Este exercício é poderoso no sentido de nos permitir conectar à beleza da natureza. Essa observação é geralmente perdida na correria da vida cotidiana.

Tudo o que você precisa fazer é sentar em um lugar que tenha todo o ambiente natural ao seu redor. Certifique-se de que o lugar é calmo e silencioso. Agora mantenha seu foco para qualquer coisa natural. Essa coisa natural pode ser uma planta, uma flor, um inseto, uma nuvem ou a lua. Concentre-se na coisa por quase dois minutos com grande concentração.

O foco da mente deve estar no sentido de que você está vendo isso pela primeira vez. Olhe cada detalhe da formação da coisa. Mantenha-se conectado com essa situação e tente obter sua energia positiva. Identifique o papel dessa coisa na natureza e conecte-a com a sua existência.

Consciência consciente

Este é também um dos exercícios básicos que são seguidos por muitas pessoas. O que você precisa fazer é sentar-se em um estado calmo com a consciência do ambiente. Agora concentre sua mente nas coisas que geralmente acontecem na vida diária com bastante frequência. Isso pode ser abertura da porta, cozinhar comida, lavar e qualquer outra coisa na sua vida diária.

Concentre-se em um momento e pense sobre esse evento. Ao se concentrar na abertura da porta, nesse momento, pense que você tocou a porta e se concentrou no lugar onde está. Pense que onde a porta vai levar você e o que você fará quando for? Estes são alguns exemplos das perguntas que você pode focar.

Esses toques permitem que você entenda a importância das coisas ao seu redor e a importância do seu no universo. Ao tocar em qualquer coisa, libere seus pensamentos negativos e incorpore a energia positiva.

Escuta consciente

Este exercício é formulado para permitir que você ouça os sons ao seu redor de uma maneira que não seja crítica. Quando escutamos qualquer coisa com estado mental completo, tentamos alcançar um estado de consciência neutra sem nenhum pensamento crítico.

Para esta meditação, sente-se em um lugar que não tenha som. Selecione qualquer música ou música que você nunca tenha ouvido. Ligue para essa música. Aplique fones de ouvido e feche os olhos. Não se concentre no cantor inclinado e no gênero da música. Apenas se concentre na música e deixe-se influenciar pela música e suas letras. Acompanhe todos os aspectos da música. Não se preocupe se você não gosta da música, você pode escolher qualquer música de sua escolha. Mantenha-se com as batidas da música.

Imersão consciente
O objetivo dessa meditação é nos manter cultivando o contentamento na própria postura e abandonar os outros pensamentos que ocupam nossa mente. Os pensamentos que ocupam a mente podem ter efeitos significativos na saúde mental e física. Em vez de ansiosamente querer terminar uma tarefa de rotina diária para continuar fazendo outra coisa,

tome essa rotina e a experimente completamente como nunca antes.

Por exemplo, ao fazer a limpeza da casa manter seu foco cada detalhe da tarefa não apenas tentando completar o trabalho. Mantenha o foco nos detalhes. Mantenha seu foco nos músculos enquanto faz qualquer tarefa e tente focar. Isso permitirá que você entenda seu corpo e trabalho. Você também poderá encontrar novas maneiras de limpar a casa com menos esforço. Isso pode melhorar essa capacidade de você ser criativo e atingir talento.

https://www.google.com.pk/search?q=Tips+to+Practice+Meditation+in+Office&tbm=isch&tbo=u&source=univ&sa=X&ved=0ahUKEwiU6KSq1ObQAhWF7hoKHcgBAysQsAQIaQ&biw=1152&bih=768#imgrc=hc-nECl2O-oxQM%3A

Capítulo 04: Dicas para praticar a meditação no escritório

Muitos de nós têm que gastar muito tempo no escritório. A vantagem da meditação é que ela pode ser executada em qualquer lugar sem muito esforço. Você também pode realizá-la em seu escritório.

A prática da meditação no escritório pode ser útil com o auxílio de pausas intencionais. Estas pausas intencionais podem ajudá-lo a tirar um tempo da rotina diária para aproveitar esse tempo em outras atividades fora dessa rotina diária.

Veja , a seguir, algumas dicas que podem ajudá-lo a praticar a meditação em seu escritório com grande facilidade.

Comece você mesmo o seu dia

É a técnica básica que pode ajudar você a relaxar. Comece o seu dia sozinho, em vez de o dia começar você. Isso requer que você comece a respirar na cama antes de sair dela e prepare-se para o começo do dia.

Transições
Tire alguns dias das tensões diárias da vida. Você pode facilmente ir em algum local sem levar consigo um aparelho eletrônicoou algo do tipo. Fique longe de telefones, e-mails, computadores, etc. Ao chegar ao seu destino, que pode ser a praia, sente-se no carro e respire profundamente para relaxar.

Selecione sua refeição
Ao fazer uma refeição no escritório, tente tê-lo no melhor estado nutricional possível. Faça a sua refeição incrível com a adição de uma variedade de cores para ela. Enquanto come, tente focar cada detalhe da refeição e apreciá-la no nível ideal.

Dar um passeio
Enquanto trabalha na vida estressante, tente reservar um tempo para caminhar pelo escritório. Tente sentir todos os aspectos do escritório enquanto caminha. Tente sentir os pés no chão, tente sentir a

frescura do ar à medida que bate no seu rosto e encontre-se com os colegas e não os agrida.

Concentre-se no ambiente

Enquanto você se senta no computador, tente se concentrar nos detalhes que estão ao seu redor. Concentre-se no computador, a porta, a parede e muitas coisas. Tente captar a energia positiva deles.

Paredes e pintura

Mantenha a parede do seu escritório em cores sutis que dão aparência relaxada e refrescante. O esquema de cores deve ser mantido leve. Além disso, tente colocar pinturas bonitas e estéticas na parede, para focar nos detalhes da pintura. Isso também ajudará você a relaxar sua mente.

Conclusão

Este livro deu uma visão completa sobre os benefícios da meditação e a forma como as meditações podem ser usadas pelas pessoas. A meditação tem muitos efeitos benéficos no corpo. Este manual é de fácil leitura e compreensão. Ele permite que a pessoa aproveite sua vida plenamente, possibilitando preencher a vida das pessoas com alegria e plenitude. Também melhora o funcionamento dos órgãos sensoriais. A meditação aumenta a capacidade institucional do corpo, facilitando até mesmo nas tomadas de decisões.Reduz a impulsividade, ansiedade e raiva. Baixe este livro para aproveitar os benefícios dessa técnica maravilhosa. Agradeço a todos aqueles que acreditaram no meu trabalho e fizeram o download desta obra,que foi elaborada com todo meu empenho e cuidado.

www.ingramcontent.com/pod-product-compliance
Lightning Source LLC
Chambersburg PA
CBHW071914070526
44583CB00016B/1991